INVENTAIRE
Ye 30.918

Y

30,918

ODE
SUR
L'HARMONIE,

Par M. RACINE, de l'Académie Royale des Inscriptions & Belles-Lettres.

A PARIS,
Chez JACQUES GUERIN, Libraire Imprimeur, Quay des Augustins.

M. DCC. XXXVI.

Avis de l'Imprimeur.

LA publication de cette Ode nouvelle de M. Racine, est une espece d'infidelité qu'on lui a faite, après avoir inutilement combattu sa répugnance à la publier lui-même. Cette répugnance n'étoit fondée que sur la crainte d'être demeuré trop au dessous de son sujet, & certainement on ne se seroit pas dispensé d'y avoir égard, si l'on n'eût pris la précaution de s'assûrer par le jugement d'un Critique du premier ordre, & par le suffrage de plusieurs personnes d'un goût sûr, que non seulement l'ouvrage ne pouvoit faire aucun tort à la réputation de l'Auteur, mais qu'il étoit même très-propre à venger notre Poësie des insultes que lui font quelques voisins jaloux, & un certain nombre de François trop prompts à se passionner pour tout ce qui vient des Païs étrangers.

On a cru devoir profiter de cette occasion pour publier quelques Lettres de M. Rousseau, où il explique ses sentimens sur cette nouvelle Ode, & sur celle de la Paix. On y a joint une Lettre de M. Racine à M. Rousseau. On est persuadé que ce petit Recüeil fera plaisir à ceux qui aiment encore ce qui est simple, naturel, raisonnable & sensé.

ODE
SUR
L'HARMONIE.

FILLE du Ciel, Mere féconde
Des innocentes voluptez;
Lien des cœurs, ame du monde;
Souveraine des volontés;
Par toi seule, aimable Harmonie,
Euterpe, Erato, Polhymnie,
De leurs concerts charment les Dieux;
Chez les hommes, c'est ta puissance
Qui de la farouche ignorance,
A détruit l'Empire odieux.

Pour une vile nourriture,
Pour les plus honteux interêts,
Jadis errants à l'aventure,
Ils s'égorgeoient dans les Forêts.
De leurs deserts tu les détaches,
A leurs antres tu les arraches,
Ils se rassemblent à tes sons ;
Et dans l'enceinte de ces Villes
Qu'élévent les pierres dociles,
Ils vont écouter tes leçons.

Aux piés du Fils de Calliope
Tu tiens les Tigres enchaînés ;
Tu fais du haut du Mont Rhodope
Descendre les Pins étonnés.
Par toi conduit jusqu'au Tenare,
Il attendrit ce cœur barbare,
Que n'ont jamais touché nos pleurs ;
Megére même est immobile,
Et dans le Tartare tranquille,
Suspend les cris & les douleurs.

Mais qui peut compter tes merveilles,
Enchantereſſe de nos ſens ?
Si je languis, tu me réveilles,
Je vis au gré de tes accents.
Tyrtée enflamme mon courage,
Il chante, je vole au carnage,
Bellone regne dans mon cœur ;
Anacréon monte ſa lyre,
Mes armes tombent, je ſoûpire,
Et le plaiſir eſt mon vainqueur.

Par quel Art le Chantre d'Achille
Me rend-il tant de bruits divers ?
Il fait partir la fléche agile, (a)
Et par ſes ſons ſifflent les airs.
Des vents me peint-il le ravage ?
Du vaiſſeau que briſe leur rage,
Eclatte le gémiſſement ;
Et de l'Onde qui ſe courrouce
Contre un rocher qui la repouſſe,
Retentit le mugiſſement.

(a) Il. l. 1.

S'il me préfente ce Coupable (a)
Qui, dans l'Empire ténébreux,
Roule une pierre épouventable
Jufqu'au fommet d'un mont affreux;
Ses genoux tremblans qui fléchiffent,
Ses bras nerveux qui fe roidiffent,
Me font pour lui pâlir d'effroi;
Le malheureux enfin fuccombe,
Et de la roche qui retombe
Le bruit raifonne jufqu'à moi.

Par la cadence de Virgile,
Un Courfier devance l'éclair;
Souvent, prêt à fuivre Camille,
Comme elle, je me crois en l'air;
Du bœuf tardif que rien n'étonne,
Et qu'envain fon maître aiguillonne,
Tantôt je preffe la lenteur;
Tantôt de ce Géant énorme,
La maffe lourde, horrible, informe,
M'accable fous fa pefanteur.

(a) Odyffée, l. 11.

Qu'avec plaisir je me délasse (a)
Sous ces arbres délicieux,
Que la main d'Horace entrelasse
Par des nœuds qui charment mes yeux !
Leurs branches se cherchent, s'unissent,
S'embrassent & m'ensevelissent
Dans l'ombre que font leurs amours ;
Tandis que l'Onde fugitive
D'un ruisseau que son lit captive,
Murmure de ses longs détours.

Dans l'Italie & dans la Gréce,
La langue riche en tours heureux,
N'offroit, nous dit-on, que noblesse,
Que mots sonores & nombreux.
Chaque syllabe mesurée,
Par sa courte ou lente durée,
Conspiroit aux plus beaux accords ;
Pour nous les Muses plus sévéres
Ont, par des bornes trop austrées,
Gêné nos timides transports.

(a) L. 2. Ode 3.

Quelle humeur triste & dédaigneuse
Nous dégoûte de notre bien ?
Notre langue est riche & pompeuse
Pour quiconque la connoît bien ;
Et moins brillant par le génie,
Qu'aimable par sa symphonie,
Notre Malherbe sçeut cueillir
Ces feüilles si vertes, si belles (a),
Dont les couronnes immortelles
Empêchent *son nom de vieillir.*

Mais quoi ! le fer brille à ma vûë,
Et de morts les champs sont couverts ;
L'Aigle par l'Aigle est abbatuë, (b)
On combat pour choisir ses fers.
Rome déchire ses entrailles ;
Quels meurtres ! que de funerailles !
Paix sanglante ! ouvrage d'horreur !
Que de cris percent mon oreille !
Plein d'effroi, j'admire Corneille,
Et je me plais dans ma terreur.

(a) Vers de Malherbe.   (b) Vers de Cinna.

Toi qui rends à la Tragédie
L'ornement pompeux de ses Chœurs,
Ta Muse encore plus hardie,
D'un saint trouble remplit nos cœurs.
Je te suis jusqu'à la Montagne
Où Dieu que sa gloire accompagne, (a)
Vient dicter ses Commandemens ;
Frappé du bruit de son tonnerre,
Je crois sentir trembler la terre
Sur ses antiques fondemens.

Au moindre zéphir, dont l'haleine
Fait rider la face de l'eau (b),
L'aimable & tendre la Fontaine
M'intéresse pour un Roseau.
Mais s'il appelle la tempête,
Contre cette orgueilleuse tête
Qui veut en braver les efforts ;
Quelle chûte ! quelle ruine !
Le Chêne qu'elle déracine
Touchoit à l'Empire des Morts.

(a) Premier Chœur d'Athalie.
(b) Fable du Chêne & du Roseau.

Que j'aime la voix languissante (a)
Qui laisse tomber foiblement,
Ces mots dont la douceur m'enchante
Et qui coulent si lentement !
O grand Peintre de la mollesse,
J'aime encor jusqu'à ta vieillesse, (b)
Lorsqu'après dix Lustres pesants
Amassés sur ta tête illustre,
Elle jette un onziéme Lustre
Qu'elle surcharge de trois ans.

Si le Maître de nôtre Lyre
Aujourd'hui chante loin de nous,
Dans l'air étranger qu'il respire,
Ses accords n'en sont pas moins doux.
Non, la veine de notre Alcée
N'a point encore été glacée
Par la froideur de ces climats,
Où si souvent, *de la Scythie*, (c)
Le fougueux Epoux d'Orithie
Rassemble les tristes frimats.

(a) Episode de la Mollesse dans le Lutrin de Despréaux.
(b) Epitre à ses Vers.   (c) Vers de M. Rousseau.

TELLE est la noble Poësie
Que nos Muses nous font goûter;
Qu'à son tour avec jalousie
Homére pourroit écouter.
Ne regrettons point le Méandre;
La Seine nous a fait entendre
Quelques Cygnes mélodieux;
Mais partout ils ont été rares;
Si les Dieux étoient moins avares,
Leurs dons seroient moins prétieux.

AMATEURS des pointes brillantes,
Des jeux d'esprit & des éclairs,
Toutes ces beautés petillantes
N'immortalisent point nos Vers;
Mais une constante Harmonie,
A la Raison toûjours unie,
De l'oubli nous rendra vainqueurs;
Qu'elle soit l'objet de nos veilles;
C'est l'art d'enchanter les oreilles
Qui fait la conquête des cœurs.

F I N.

EXTRAIT D'UNE LETTRE
DE M. ROUSSEAU
A M. H***

A Enghien, le 14. Mai 1736.

JE me flatte que vous voudrez bien m'acquitter des remercimens que je dois à M. Racine, pour son Ode de la Paix. Je souhaiterois être aussi digne de son présent, que son présent est digne de lui & du grand nom qu'il porte. Plus je relis cet ouvrage, plus je le trouve admirable, & digne de servir de modele à tous ceux qui s'exercent dans le même genre d'écrire. Tout y est également poëtique & judicieux, sublime & exact. Rien ne s'y trouve ni à désirer ni à retrancher. Tout ce qui y est dit, devoit être dit, & ne pouvoit être mieux dit. Chaque strophe y est en sa place, & quelque dépendantes qu'elles soient l'une de l'autre, il n'y en a pas une, qui, prise séparement, ne puisse former un tout aussi agréable que complet. J'ai sur-tout été frappé de celle où le *ratio ultima regum* est si noblement exprimé, & de la pénultiéme qui marque si bien en quoi consiste la vraie grandeur, & la veritable gloire. Mais ce qui me donne une parfaite idée du genie de l'auteur, c'est l'invention & le tour dramatique dont il s'est servi pour mettre son sujet en action, & donner, pour ainsi dire, la vie au marbre exquis qu'il avoit entre les mains. Ce sont-là, selon moi, les veritables coups de l'art, qui ne s'apprennent que dans le commerce des Anciens, sur lesquels il est aisé de voir que

M.

M. Racine s'est formé à l'exemple de son illustre Pere. Après l'impression que son Ode a faite sur moi, je ne sçais s'il n'y a point trop de témerité à vous avoüer que j'en ai fait une il y a environ un an & demi, qui pourroit servir d'avant-propos à la sienne, si elle étoit aussi bien faite. C'est une invocation à la Paix, qui me vint dans l'esprit pendant qu'on se massacroit en Italie, & que je n'ai communiquée qu'à quelques personnes qui m'en ont gardé le secret. C'est une double satisfaction pour moi, de voir mes vœux accomplis, & de voir leur accomplissement si dignement celebré.

Je suis, &c.

AU MESME.

A Bruxelles, le 4. Juin 1736.

JE crains bien, Monsieur, d'avoir à me repentir de ma déference aux ordres de M^e. la C. de .... & aux vôtres. L'Ode que vous me demandez, n'est point du tout un ouvrage du style à la mode; vous y verrez des écarts & un désordre qui plaira peut-être à quelques personnes, mais qui me feroit apprehender avec raison, le goût Geometrique & Metaphysique qui regne depuis si long-tems chez nos demi-beaux esprits, arbitres en titre d'office de la réputation des ouvrages. Si une Ode aussi parfaite que celle de M. Racine, a trouvé des contradictions de leur part, ce seroit bien pis s'ils voyoient cette bigarure d'images, & cette diversité de mouvemens que j'essaye de répandre dans les Odes de ce genre, & qui, je l'avoüe, ne conviendroit pas à toutes fortes de fujets; mais ne m'étant propofé dans celle-ci, que de décrire les malheurs de la guerre, & les crimes qui ont attiré fur les peuples, ce fleau de la vengeance divine; j'ai cru que le ton d'Homére & de Pindare y conviendroit mieux que celui de Racan & de Malherbe. Vous en jugerez, Monfieur; mais au nom de Dieu, faites enforte que perfonne n'en puiffe juger que vous & Mᶜ. la C. de .... avant qu'une nouvelle édition paroiffe de mes ouvrages. Celui-ci peut fe fauver dans un livre, mais dans le tems où nous fommes, je fçais trop le befoin qu'il a d'efcorte, & que la compagnie de fes Confreres aura peut-être bien de la peine à le garantir d'infulte.

AU MESME.

A Enghien, le 14. Juin 1736.

VOTRE approbation me charme, Monsieur, mais elle m'apprend plus ce que j'aurois dû faire, que ce que j'ai fait. Le vrai caractere de l'Ode se trouve parfaitement exprimé dans la lettre que vous m'avez fait l'honneur de m'écrire, j'en ai la même idée que vous; mais les efforts ne secondent pas toûjours l'intention, & je ne présume pas assez des miens, pour me flater que les Muses y ayent attaché la conversion de nos Critiques modernes : ainsi je persiste toûjours à vous conjurer de ne laisser prendre aucune copie de l'Ode que je vous ai envoyée, & dont je ne suis déja que trop glorieusement payé par l'approbation de Me. la C. de.... & par la vôtre. Vous ne me trouverez pas à beaucoup près aussi reservé sur le jugement que j'ai porté de celle de M.

Racine. Je ferois bien heureux s'il lui faifoit autant d'honneur qu'à moi, & non feulement je vous permets, Monfieur, de le rendre public; mais je fuis prêt à afficher que je ne connois point d'Ode dans notre langue, plus irréprochable que la fienne. Celle que vous m'avez envoïée fur l'Harmonie, n'eft pas moins admirable, quoique d'un genre différent. Toutes les richeffes de la Poëfie s'y trouvent emploïées fur le fond le plus folide qu'elle ait jamais choifi, & jamais elle ne pouvoit prouver d'une maniere plus digne d'elle, une vérité plus inconteftable & plus fagement avancée. C'eft, Monfieur, l'impreffion qui m'en eft reftée, après les lectures répetées que j'en ai faites avec M. le Duc d'Aremberg, qui en a jugé comme moi; la feule chofe confidérable que j'y trouve à reprendre, c'eft l'éloge outré dont il m'honore, en m'affociant à des Maîtres dont je ne fuis, tout au plus, qu'un foible & ftérile éleve.

B iij

Les deux strophes qui terminent l'Ode sont admirables, parfaites, & expriment avec toute la netteté, toute la noblesse & toute l'énergie imaginables, la plus grande vérité qui ait jamais été dite en fait de Poësie.

LETTRE DE M. RACINE
A M. ROUSSEAU.

A Paris le 25. Juin 1736.

LORSQUE M. H***. me montra, Monsieur, la Lettre que vous lui aviez écrite au sujet de mon Ode sur la Paix, je ne reconnus dans vos loüanges ni mon Ouvrage, ni vous-même. Je me rappellai ce que vous avez dit autrefois:

J'ai peu loué, j'aurois mieux fait encore
De loüer moins.

Vous n'êtes, sans doute, retombé dans cette faute que pour me confoler de toutes les critiques que j'ai effuïées. Mon Ode qui ne méritoit pas tant d'ennemis, méritoit encore moins un Défenfeur tel que vous.

La principale accufation qu'on m'a faite, eft celle d'avoir troublé la cendre d'un Miniftre qui fera toûjours l'objet de l'admiration publique : mais ceux qui m'ont fait ce reproche n'ont pas voulu faire attention à ma feconde ftrophe qui prépare au fujet de jaloufie dont il eft parlé dans la derniere. Dira-t-on que les Ames divines ne peuvent connoître la jaloufie ? puifqu'Homere donne fi fouvent cette paffion à fes Dieux, nous pouvons bien auffi la donner à nos Héros fans leur manquer de refpect.

Quoique l'Ode nouvelle que je viens de faire, foit honorée de votre approbation, je me garderai bien de la rendre publique; ce feroit alors que je donnerois une véritable matiere aux Critiques. Je fens combien je fuis refté au-deffous des grands modéles dont je parle. Je n'ai pas non plus été assez hardi, pour prétendre donner par mes vers un exemple de l'Harmonie. Je n'ai voulu qu'en donner les préceptes, & soûtenir une vérité, dont quelques personnes ne sont point assez persuadées. Comme le talent des Vers n'est point un héritage, je ne suis point obligé d'en faire d'excellens; mais le nom que je porte m'oblige à soûtenir toûjours les principes du bon goût, dans lesquels je suis né, & dont j'espere ne m'écarter jamais.

Je suis bien mortifié que vous ne vouliez pas consentir qu'on rende publique votre Ode à la Paix; quiconque liroit seulement cette strophe,

<blockquote>
Des douceurs de la Paix, des horreurs de la Guerre,
Un ordre indépendant détermine le choix.
C'est le courroux des Rois qui fait armer la Terre,
C'est le courroux des Dieux qui fait armer les Rois.
</blockquote>

Reconnoîtroit & diroit comme moi,

Que la veine de notre Alcée
N'a point encore été glacée. &c.

EXTRAIT D'UNE LETTRE
DE M. ROUSSEAU A M***

A Enghien, le 3. Juillet 1736.

L'OBJECTION qui a été faite à M. Racine au sujet du Cardinal de Richelieu, n'a nulle solidité; il le represente tel qu'il étoit & qu'il devoit être dans un tems où il falloit établir la puissance de l'Etat au dehors, & l'autorité Royale au dedans. L'une & l'autre se trouvent aujourd'hui tout établies; il ne restoit plus qu'à concilier à la France l'affection & la confiance de ses ennemis; c'est ce que M. le Cardinal de Fleuri vient de faire. Ce n'est point loüer un grand Homme au dépens d'un autre grand Homme, que de dire qu'ils se sont conduits differemment. M. le Cardinal de Fleuri sous

Louis XIII. auroit pensé comme le Cardinal de Richelieu, & celui-ci sous Louis XV. auroit peut-être pensé comme M. le Cardinal de Fleuri.

Quant à la nouvelle Ode sur l'Harmonie, je la trouve d'autant plus digne de loüange, qu'elle établit une vérité indispensable dans sa pratique, & dont le mépris est capable de faire perdre à notre Langue l'avantage qu'elle a acquis sur toutes les autres Langues vivantes. En effet, pour peu qu'on y fasse attention, nous éprouvons tous les jours, même dans les conversations familieres, que la même chose fait plus ou moins son effet, selon qu'elle est dite d'une maniere plus ou moins flateuse pour l'oreille : & nous voyons que les Latins du bon siécle étoient si convaincus de la nécessité du Nombre & de l'Harmonie dans le discours, qu'ils y sacrifioient jusqu'à l'ordre des pensées ; aimant mieux donner un peu de travail à l'esprit, que de rebuter l'oreille qui eſt le canal par où les penſées ſont introduites. M. Racine ne pouvoit donc rendre un plus grand ſervice à la Langue Françoiſe, qu'en faiſant connoître à ceux qui la cultivent, le reſpect & l'attention qu'ils doivent conſerver pour la cadence & pour la juſteſſe de l'Harmonie.

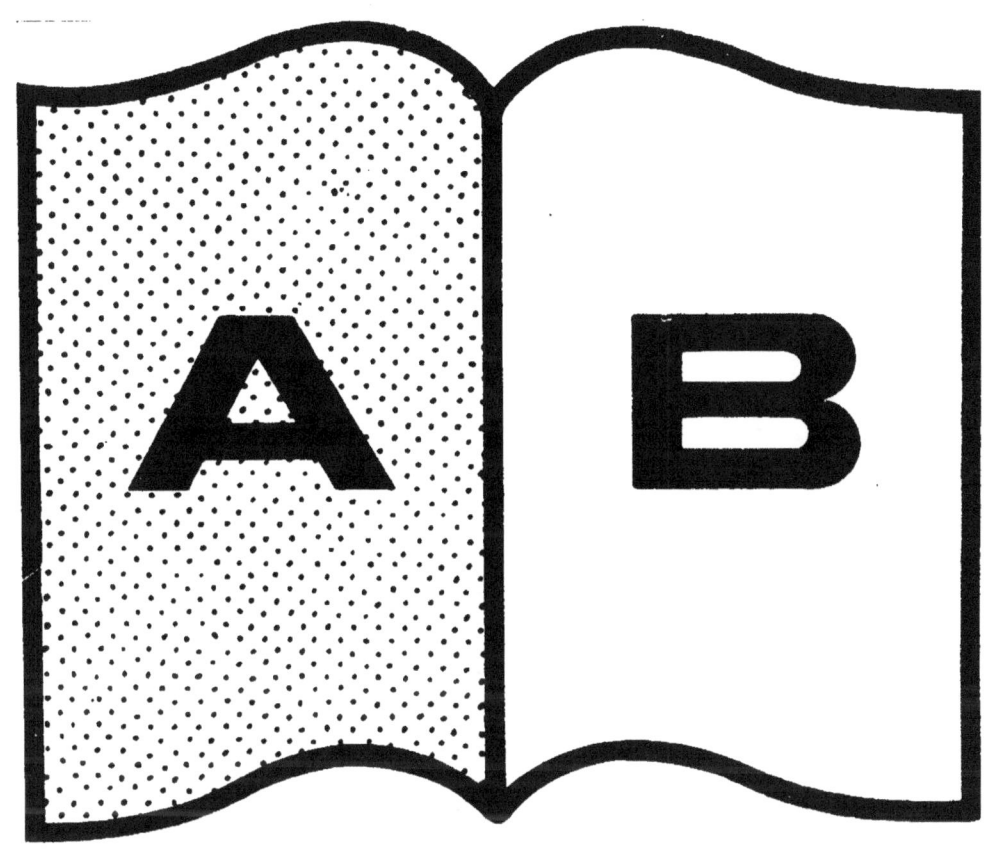

Contraste insuffisant

NF Z 43-120-14

www.ingramcontent.com/pod-product-compliance
Lightning Source LLC
Chambersburg PA
CBHW060618050426
42451CB00012B/2313